꽃피는 한 시절을 허구라고 하자

최재영 시집

시인동네 시인선 059   최재영 시집

꽃피는 한 시절을 허구라고 하자

시인동네

시인의 말

두 번째 시집이다.
자연에 연고를 둔 것들,
시의 행적은 그 푸른 체적을 온전히 감당해내는 쓰디쓴 유희일 것,
어쩌면 나의 본적은 詩와의 은밀한 거래를 주선하는 내륙 어디 쯤일 것,
바람이 오가는 길목처럼 쓸쓸하지만 그런대로 견디는 즐거움 또한 적지 않다.
시를 쓰는 행위, 일상처럼 공기처럼 평안함이 되기를……
그리하여 스스로가 시가 되기를 열망하는 기원에서 나는 출발했다.

2016년 6월
최재영

차례

시인의 말

제1부

폭설 · 13

파미르 한 줄기 · 14

폭설 2 · 16

폭설 3 · 18

섬진강 · 20

목련 1 · 22

바닷가 재봉틀 · 24

필독서 · 26

꽃이 말하다 · 28

관목(貫目) · 30

자작나무 숲에서 · 32

백년 · 34

필경사 2 · 36

꽃의 비밀 · 38

제2부

경계 · 43

목련 2 · 44

킬링필드 · 46

새들의 저녁 2 · 48

역병 1 · 50

역병 2 · 52

단추 · 54

꽃피는 누옥 · 56

내시 · 58

문신 2 · 60

복사꽃 아래 저녁 · 62

유산 · 64

스노 볼 · 66

회화나무 · 68

유배지에서 · 70

제3부

능소화 · 75

붉은 섬 · 76

미로 · 78

도배 · 80

오일 後 · 82

청동 숲 · 84

자미원역 · 86

빗살무늬 · 88

떠도는 부족 · 90

과육은 평행선을 갖는다 · 92

폭설 4 · 94

폭설 5 · 96

처용을 찾아서 · 98

꽃, 아찔한 · 100

제4부

숲과 새 · 105

가난한 벽화 · 106

말[馬] · 108

근심 · 110

뿌리 · 112

폭설 6 · 114

여각(旅閣) · 116

낙타 2 · 118

널뛰기 · 120

새 · 122

염전 · 124

백년을 걷다 · 126

회화(會話) 혹은 회화(繪畵) · 128

호미 · 130

해설 그 오래된 시간은 모두 어디로 갔을까 · 133
  고봉준(문학평론가)

제1부

폭설

 헛기침 한번에도 후두둑 지고 마는 것이 신하된 자들의 지조라더니 여기저기 세 치 혀들이 낭자하구나 유생은 들으라, 허리 꼿꼿한 늙은 정승의 기개를 뉘라서 당할쏘냐 초봄 구석구석 규방에까지 미혹한 바람이 드나들고 그에 현혹된 그대들의 마음이 외려 난세를 탓하느냐 미풍에도 흔들거리는 너희의 본색을 내 모르는 바 아니나 들으라, 저 푸른 침엽의 묵언이야말로 두고두고 칭송될 미답의 절개이거늘 열흘 붉은 미색을 들어 그의 투박한 수직을 탓하는가 봄날의 조정이 심히 요망하여 독야청청한 지혜를 필사하라 이를 것이로되 때 아닌 폭설을 견디는 노구를 치하하는 까닭이라

  사철 푸르른 음덕 아래 모여든 유생들
  앞다투어 향기로운 요설로 피어나니
  늙은 신하 홀로 기록하는 꼿꼿한 사서(史書)
  폭설은, 여전하다

파미르 한 줄기

총총 파를 썰다가 도마 위로 번지는
맵고 아린 파문을 본다
파의 원산지는 총령, 파미르 고원이라는데
후생의 늑골까지 두고두고 시려오는
까마득한 설산을 일러 무엇하겠는가마는
오래전 만년설을 뒤덮고 숨차게 파들거렸을
참 멀리서 온 식물의 내막이 궁금해지는 것이다
산맥을 넘고 사막을 건너 서역을 오가는 관문
흰 파꽃의 눈 시린 물결이
지상에서 가장 높은 지평선을 그었을 것이다
푸른 대궁을 가르자
팽팽하게 부풀어 있던 파미르 한 줄기
쉭, 바람 소리로 가라앉고
짐작도 못할 높이까지 이르러서야
실하게 속을 채운 것인지
능선의 결마다 눈보라가 휘몰아친다
아, 저도 모르게 제 근원을 기웃거리며
파랗게 매운 물이 도는 납작하고 평평한 파미르

이 도마 위로 수많은 저녁이 건너가고
파꽃들이 아득한 지평선을 넘어와
익명의 하루에 스며들고 있으니
쓸쓸하고 시원하고 짜고 아린 맛이란
빛깔과 형태가 다른 세상의 기복임을 알겠다

폭설 2

봉인을 풀자, 폭설이 쏟아진다
수백 리 길을 쉬지 않고 달려온 벙어리 사내
말을 잃고 귀를 틔웠는지
방향을 잡을 때마다 두건 속의 두 귀가 꿈틀거린다
늦은 밤의 적막이 사내의 필법일진대
어눌한 몸짓 하나하나가
세상에 필적하는 절규임을 안다
부복하는 그의 등 뒤로 폭설이 쏟아지고
영원을 끌고 온 발꿈치에도
멀리서 찾아온 눈발이 녹고 있다
어떤 소리도 낼 수 없는 캄캄한 입
살아서는 찾지 못할 중음이라도 보았는지
외마디 단절음을 내뱉을 때마다
사내의 늑골이 열리고
아득하게 폭설이 휘날린다
봉인을 풀자, 흔적 없이 사라지는 비문들
읽을 수 없는 행간 사이
아무도 살아보지 못한 전생을

누가 나에게 보내주었는가
벙어리 사내와 마주 앉아
그 행간에 나를 끼워 맞추다 보니
어김없이 맞아 떨어지는,
오, 사내여
폭설 같은 울음이 쌓여가는 밤이다

폭설 3

하루 사이 계절이 바뀌고 폭설이 지난다
맹렬히 쏟아지는 눈발을
꼼짝 않고 바라보는 짐승이 있어
나는 그를 연민이라 부른다
눈보라 속을 떠도는 맹수의 허기로 길을 내었는지
얼어붙은 족적마다 사나운 울음이 박혀 있다
낯선 땅에 서 있어도
맹수의 모습은 낯설지 않은데,
내가 나를 기억하는 지독한 형벌을 바라보다가
나는 더 이상 늙어질 수도 없음을 안다
그와 나의 간극으로 수백 년이 지나고
저물 무렵의 적막이 숨 가쁘다
생애 몇 번의 폭설을 더 지나야
내밀한 마음결이 만져지겠는가
이미 오래전에 나를 살다 간 야윈 짐승
여전히 눈 내리는 행간을 서성이며
이 평생의 저녁을 느리게 건너갈 것이다
아무리 애를 써도 좁혀지지 않는 시공 가득

지치고 젖은 울음만이 오가고
그의 등 뒤로 또 한 세상이 기울고 있다
후생까지 이어지는 아득한 폭설
누군가 나를 탁본했는지 천지가 어두워진다

섬진강

수백 리 섬진강을 곁에 두려
나는 당분간 세작(細作)이 되려 하였다
이 길을 다 알기 위해
그들의 속 깊은 곳까지 들여다보는 봄날
강변의 모래알까지 들썩이며
오래전의 두꺼비 울음이 다시 피어난 듯하다
때로는 물속에서 피고 지는 일도 감내하느라
수시로 일어설 기력조차 잊었느니
아예 그 안으로 걸어 들어가
기억나지 않는 시절까지 죄다 불러낸다
은밀한 비법을 염탐하고 필사하는 동안
내세까지 온전히 눈멀고 귀 먼 나는
어느새 물오른 섬진강을 걷고 있다
금세 피고 지는 잎들이 팔랑팔랑 한 시절을 떨어뜨리고
세 치 혀를 뽐내다가
그만 돌아가는 길을 놓치고 말았느니,
한 백 년쯤 세를 내어
뿌리까지 썩혀 후일을 도모하고 싶었으나

무르익은 봄날이 내게도 휘황하게 찾아든 것이다
길 잃은 세작들은 올해도
앞다투어 강물의 내력을 기록하는 중이다

목련 1

창가의 목련이 흔들린다
이쪽을 기웃거리다 나와 마주치자
슬며시 외면해 버리는,
그 파문에 나도 잠시 흔들렸던가
목련의 한 시절이 내게 물들어
모두 북쪽으로만 가고 있나니
내 발걸음도 자연스레 북(北)으로 향할밖에,
봄볕 몇 줌에도 꽃들의 좌우명은 바뀌나니
바람의 먼 기별에도
나는 자꾸만 눈물샘이 젖어들었으니
내 안의 그늘진 폐허도 한 번은 화들짝 피어날 것이니
나의 짧은 몇 걸음이
네게는 천 년을 건디는 일이어서
피고 지는 주어들도 한 계절을 걷는 일이어서
봄날을 건너가는 그의 잔잔하고 기인 호흡이
얼룩처럼 어룽지는 몇 날
목련 안쪽의 세상을 내 더 이상 알 수 없으나
떨어지는 날들도 한 생일 것이니

지금 막 눈 맞추는 순간이
너와 나의 평생이다
이리 뜨거운,

바닷가 재봉틀

갈매기 떼가 수평선을 물고 회항하자
노파는 해안선을 바싹 당긴다
물거품 부글거리는 재봉틀은
밀려오는 파도를 본뜨는 중이다
수선하지 못할 생이 어디 있겠는가
평생 바다를 마주한 깊은 눈으로
세월을 봉합하고 추억을 깁는다
내내 가슴에서 새어 나오는 바람 소리는
아예 절개해버린 지 오래이다
하늘과 바다를 이어붙이는 소리 보풀거리고
끼룩거리는 울음 촘촘 박음질하다 보면
조각조각 덧댄 솔기마다
일정하게 누벼지는 슬픔의 간격들
슬픔에도 리듬이 필요한 법이다
멀리 한랭전선을 거쳐온 해류에
노파의 손이 발갛게 곱아 있다
멀고 가까운 해안을 당겨
푸른 그물을 직조하는 사이

창밖 수평선이
구름을 튕겨낼 듯 팽팽해진다

필독서

사는 일의 곤고함을 바다라 이름 짓고 보니
굽이굽이 난독의 페이지들
염기 강한 해협을 지날 때면
그 시퍼런 깊이 짐작조차 할 수 없어
먼저 수평선 밑줄의 의미를 쓰윽 훑어본다
팽팽하게 당겨지는 한 줄의 문장
해독할 수 없는 아득한 넓이에
검푸른 자음과 모음이 해수면 가득 출렁이고
곰곰 되새김할 서표 한 장 꽂아둔다
순식간에 페이지를 넘기는 건 애초 불가능한 일
지루한 중간 부분을 슬쩍 덮어버려도
암초 같은 복선은 도처에서 출렁거린다
겹겹이 넘실거리는 시간의 무늬들
그 파문을 딛고 이십 년 넘게 한자리에 붙박인
그대와 나, 의 돛배가 흔들리고
기우뚱 서로를 읽을 수 없다
아프게 짚어가야 할 그대라는 필독서
의문부호 가득한 젊은 객기 한 장 펼쳐들자

아뿔싸, 해일이 몰려올 징조인지
먼 곳에서 잠잠하던 두툼한 해류가 역류한다
간혹 심드렁한 파도 속에 격렬한 긴장이 숨어 있다

꽃이 말하다

꽃피는 한 시절을 허구라고 하다
봄 그늘에 앉아
무심한 바람이 둥글 퍼지고
향기로운 햇살 몇 줌 도르르 구르는 것을 지켜보다
그 아득한 멀미 속을 헤매다가
끓어오르는 절정들을 그만, 복사하다
꽃의 이마는 늘 신열에 휩싸였으므로
뜨거움 속에서 종종 길을 잃다
매번 허탕만 치고 돌아오는 길은
무수한 통점이었느니,
돌아보니 폭풍처럼 지나왔노라고
지나온 길은 단숨에 지워졌노라고
꽃이 닫히는 시점 또한 눈멀고 말아
모든 찰나는 숨 가쁜 적요에 들다
하여 천 년을 피어 있어도 순간이라 기록하다
한나절 봄볕이 붉게붉게 소멸해 가다
그리고 진실에 눈뜬 자들은 이윽고 말하다
봄은, 오늘 또 몇 번의 허구를 재촉하였는가

꽃들이 기울어가는 봄날을 탁본하여 후일을 도모하다
다시 처음인 듯,

관목(貫目)

전 생애가 꾸덕꾸덕 말라가요
누구의 음모였을까요
내 눈을 관통해 갈 야만이 도사리고 있다는 걸
눈부신 햇살과 싱싱한 비린내는 덫이라는 걸
눈이 뚫리고서야 깨달아요
생을 단번에 뚫고 갈 무엇이 있다면
온몸으로 안을밖에요
내 안의 비밀 하나씩 벗겨지는 동안
피 흘릴 겨를도 없이 통증은 커지기만 하고
마침내 남은 기름기마저 떨궈내고 있네요
깊고 푸른 심해를 돌아오는 내내
내 몸엔 파도의 지문이 선명하게 찍혀
자꾸만 혹독한 풍랑을 불러들여요
달빛은 벼랑 끝까지 나를 몰고 가고
바다의 기억을 말리는 보름 동안
늑골마다 숨 가쁜 바람이 빼곡하죠
장대 끝에 매달려 짜디짠 굴곡을 더듬어도
출렁이는 노래는 다시 부를 수 없어요

파도를 후렴처럼 끌고 다니던 생의 구비
기억조차 서러운 경계에 이르러
더욱 날카롭게 파고드는 낯선 풍경들
아, 저기 망망대해를 마주한 당신
그 찰진 입맛으로 또 나를 관통해 가는군요
그리하여 과메기,

---

*관목: 과메기는 청어의 눈이 나란하도록 놓은 후 꿰어 말린다는 의미의 관목(貫目)이라는 이름에서 유래되었다고 한다.

자작나무 숲에서

자작나무 흰 숲을 지난다
저벅저벅 이 눈길을 다 걸으면
내가 자작나무로 서 있을까
늙고 초라한 수도승처럼 맨몸의 천형으로
가만 귀 기울여 듣는 간절한 필법이겠다
그들의 예민한 직립에 또 폭설이 몰려오고
이곳은 백 년째 그리움이 자라는 중이다
그늘진 설산의 한곳에 기대어
자작자작 눈 시리게 타오르고 있는지,
지극한 소원이 견딤을 완성한다
흰 숲의 내막이야 알 수 없으나
적막도 저리 맹렬한 걸 보니
생의 어느 곳은 늘 궁핍했으리
간혹 사랑에 빠진 자들은
이 숲을 빠져나가는 데 평생이 걸리겠다
은밀한 내력 하나쯤 기록하고파
뿌리부터 정수리까지
온 정성으로 화촉을 밝혀

무작정 당신을 기다린다는 말*

이 말을 내뱉는 동안

적막과 더불어 백 년이 지나고 있다

---

*자작나무의 꽃말.

백년

언젠가 그대의 눈빛이 물이랑을 건너와
섬광처럼 번쩍이는 파문들
일렁이는 결마다 당신의 호흡이 들썩인다
고되고 느린 걸음으로 오래 저녁을 걸어온 것처럼
누추한 곳에 마주하고 보니
백년쯤 살 섞고 지내온 남정네인 듯,
뜨거운 여름 한낮을 보내고
산그늘 깊이 잠긴 저수지를 지난다
몇 겹을 돌고 돌아도
저 물길은 다 알 수 없을 것 같은데,
전생에 한 번쯤 다녀갔을라나
마음의 둘레가 낯설지 않다
손 마주 잡고 걸어간 그곳에서
어깨를 다독이고 땀내 나는 속옷을 빨았을까
푸성귀에 밥을 비벼 떠먹여 주기도 했을까
싶은 흐뭇함으로 순간 수줍기도 했는데,
후두둑 소나기 긋는 소리에
문득 먼 데 기억을 점쳐보니

물비늘 출렁이는 노을 속으로
모두 기록할 수 없는 하루가 흘러간다
내 뜨거운 백년이 그렇게 지난다

필경사 2

밤새 천둥번개가 요란하였다
내밀한 필력을 자랑하는 꽃들이
허공에 몇 점 획을 찍는 아침
말 못할 천기를 예감하였을까
누군가는 하늘의 전언을 필사하느라
지상에서 가장 낮은 자세로
도도하고 정교한 문장을 틔우는 중이다
바람의 어수선한 틈을 놓치지 말 것
두려움과 초조함을 감추느라
혹자는 애써 꽃받침을 활짝 열어젖힌다
오래전부터 그들은 세상의 징후를 기록하였던 바,
기록에는 별다른 기교가 필요치 않다며
담장 밑 그늘만을 꼼꼼히 채록하기도 한다
개화는 이미 밀서가 아닌 평서(平書)인 것
그러므로 꽃들은 쉽사리 서체를 내놓지 않는다
형형색색 눈부신 필력을 드러내기까지
그 미궁을 빠져나오는 데 평생이 걸릴 것이다
꽃들은 비밀을 간직한 두려움으로 몸을 연다

일필휘지 내리긋는 격렬한 몸놀림
새로운 필경사가 피어났다는 소식이다

꽃의 비밀

오래전 존귀한 목숨을 단죄할 때
아름다운 꽃을 사용한 적이 있다
방 안 가득 치명적인 향기를 피워
몇 날 며칠 피를 말려야 했으니,
근방엔 그림자조차 서성이지 못하였는데
동정을 가장한 염탐을 용납하지 않은 것
좁은 방에 갇혀 숨을 빼앗긴 사내는
마지막으로 꽃의 실체를 목격했을까
그의 눈이 허옇게 뒤집혀 있다
부푼 눈동자에 꽃잎 몇 장 선혈보다 붉다
꽃잎에 혈맥이 새겨지는 까닭이다
치욕을 치욕으로 견뎌내기 위해
분노와 광기는 아찔한 향기를 동반하였을 것이다
그의 핏빛 절규를 되받아
잎새부터 쓰디쓴 독성이 스며 있다
이후 꽃은 강한 유혹을 내재하는
눈멀도록 아름다운 왕국이다
반전은 치욕을 견뎌낸 자의 내면에서 오는 법

죽어가는 이와 호흡을 주고받으며
꽃들은 생존의 비법을 터득했을 것이다
어디에도 기록되지 않은 왕조의 최후를
해마다 피고 지는 꽃들에게서 읽는다

제2부

경계

무릇, 봄은 남녀상열지사라 하더이다

아예 色을 지운 백목련 남녘의 기운이 무르익자 아무도 모르게 가슴 두근거리더이다 단단히 옭아맨 빗장엔 이미 불순한 신열의 흔적이 낭자해 열에 들뜬 혈점들 순식간에, 급기야 北을 向해 돌아섰다는데 이유인즉슨 춘풍에 솔깃한 속내를 차마 내색하고 싶지 않은 것 음(陰)의 기운이 성하여 기어이 백치의 몸짓으로 피어나는 것 춘삼월 그리움에 겨운 처자들이 핏기를 잃어가는 까닭이니 이에 경계를 세움이 옳더이다 남녀상열지사들 소리 높여 고하더이다 온갖 향기들 오매불망 속 끓이는 때 도저하고 침울한 저 色은 어떤 경계도 무용하더이다 생생하게 스며드는 음(陰)을 아무도 막을 수 없다 하더이다 부디 北向花라 이름 지어 그를 두려워하라 이르시오니,

봄이 뿌리째 흔들리자
서둘러 北을 向해 우러르는 뒷모습들
피고 지는 것이 본디 한 가지[枝]임을 알겠다

목련 2
―동학

식당에 들러 끼니를 때우다가
문득 백여 년 전의 동학을 생각한다
온 세상에 새파랗게 돋아나던 함성들
불길처럼, 거침없이 타올라,
그들은 지금 어디로 가고 없는가
붓을 닮은 목련
창밖의 봄날을 완성하는 중이다
써야 할 말이 너무 많은 탓인지
한동안은 허공 가득 침묵을 기록하리라
고을마다 봉화가 이글거리는 저녁
그때 저 목련도 조용히 끓어올랐을까
사방으로 보내는 격문을 틔우느라
온몸 발진이 돋았을까
산맥 같은 사내들 순한 호흡이
반역으로 내몰릴 때에도
흰 고봉밥 같은 꽃잎을 피워냈을 것이다
아무리 꽃을 피워도 채워지지 않는 허기였노라고
높이 치켜든 희디흰 횃불이 자꾸만 울컥거린다

밥알을 씹다가
꼭 그날의 봉기를 삼키는 것 같아
나도 모르게 숟가락을 내려놓는다
창밖 목련이 툭, 한 잎의 목을 떨군다
미처 완성하지 못한
순백의 항쟁이 찢겨져 나뒹군다

킬링필드

임진란 당시의 유골이 발굴되었다
수백 년 전의 공포와 치욕이 고스란히 복원되고
울부짖는 주검들 백일하에 공개되었다
한가운데가 퀭하게 뚫린 다섯 살 남아의 두개골
참형의 순간 어미를 찾고 있었는지
조총이 아슬하게 비켜간 눈구멍은 온전하다
무너진 성벽을 빠르게 훑었을 두 눈
아직도 터져 나오는 비명을 삼키느라
앙다문 턱뼈 사이로 죽창이 깊게 박혀 있다
조선의 어미 아비들
성곽을 둘러싼 해자에 처박힌 채
숨넘어가기 전 서로의 등과 가슴을
뜨거운 피로 적셔주었을 것이다
분노와 아우성은 단숨에 매몰되었을 것이다
그 피를 다 받아 마신 벚꽃 한 그루
조선 아낙의 가랑이를 비집고
성곽 한 켠에서, 거리낌도 없이, 화사하다
망설임 없이 무덤 위를 달리는 21세기

조선의 뿌리는 어디까지 닿아 있는가
차량과 네온사인이 수많은 두개골을 관통해간다
비틀린 경적 소리 그날의 혈투보다 치열하다

새들의 저녁 2

새들이 쏟아져 나온다
수백 수천의 궁사들이 일시에 쏘아 올린 화살처럼
西天을 뒤덮으며 횡단해가는 날렵한 직렬
어느 은신처에서 골똘히 힘주어 튕겨낸 궁리인지
부리는 이미 뜨거운 화살촉이 되었을 것인데
새들은 어떤 모반을 꿈꾸느라
노을 붉은 시간들을 꿰어 날아가는가
어떤 심장을 겨냥하였길래
저리 날카로운 비상을 도모하는가
그들이 가는 곳마다 어둠이 포석처럼 깔린다
새들이 겨냥하는 과녁이 아득한 시공이라면
궁사는 뒷배 하나 없는 알뜰한 궁핍이겠다
누구 하나 명중했단 고(告)함 없이도
여전히 노을 속을 꿰뚫고 날아가는 이유다
광활한 우주에도 변방은 있어 그 한 켠 빼곡한
일촉즉발 명백한 저 궁핍의 행방
제 날개로 지나온 흔적을 수습하는지
휩쓸고 간 자리에 한 줄 지평선이 내려앉고

우주 한구석이 서늘하다
곧 화살 촘촘히 박힌 어둠이 드러날 것이다
생의 급소마다 간곡한 적막이 빗발친다

역병 1

여자는 북으로 가는 길을 묻는다
모두들 남으로 방향을 잡을 때
두건으로 칭칭 동여맨 얼굴
눈빛에선 이미 북풍이 불고 있다

 오래전 상(上)께서 이르기를 수족을 없애라 역질과 역적은 한 가지이므로 쉽게 구별할 수 없다 패망한 왕조는 북쪽에 유폐시킬 것 그로부터 봄을 피우는 것들은 소문만으로 천리를 뒤덮는다

변방은 반골을 키우기에 족하다
혹한이 자라기에는 북국만 한 곳이 없을 것이고
모든 봄날이 이곳에서 발진한다
봄 내내 수없이 피고 지는 자객들
검술은 날로 뛰어나므로
곧 온 천하를 평정할 것이다

 상(上)께서 또한 이르기를 다가오는 숨 막히는 기운을 당

할 수 없으니 누구든 향기를 수혈하는 족속을 경계하라 상처엔 새로운 음모를 덧바르고 있을 것이다 은밀함이 그들의 검법이니

  팔다리 없는 봄, 여자는 역병이다

역병 2

밤하늘을 펼쳐들자
꼬리를 물고 따라붙는 전갈들
어둠의 한쪽을 쏜살같이 긋고 지나는 소문들
날이 새기 전 세상은 썩은 내로 뒤덮일 것이다
붉은 눈과 꼬리는 그들만의 방식이니
흉흉한 소문의 근원일 터
누구든 가까이 말라
상(上)께서 재차 이르기를
애초 전갈과 소문은 무엇이 다르더냐
독을 품고 달려들기로는 매한가지이니
뿌리부터 도려내야 할 것
한 소식을 낚아챈 역병의 씨앗이
꼬리를 감추고 우후죽순 창궐한다던데
그들의 발원지인 전갈의 페이지를 들추지 마라
곧 맹렬한 독성에 눈이 멀 것이니,
상(上)께서 근심하여 이르기를
하룻밤새 천리를 날아온 해괴한 소문은
누가 띄운 전갈이더냐

누가 감춰두고 엎지른 누설이더냐
이미 꼬리를 높이 치켜들고
불길한 시절은 다가오고 있으니,
아무것도 읽을 수 없는 어둠이 시작된다

단추

반짝, 숨어 있는 단추가 눈에 짚인다
출처가 어디인지 행방을 되짚어보지만
윤기 나게 반짝이는 시절만 기억하는지
그의 둘레가 말끔하다
곁의 세월들이 늙어가는 동안
한 집안의 내력을 꿰고 있었을까
떨리는 가슴을 열고 닫던 손길도 무뎌진 지 오래
세상은 여전히 돌고 돌아
누군가는 내 전철을 답습하고 있을 것
수시로 팽창하는 걱정이나 비밀을 단속하느라
긴장한 흔적들 곰곰, 놓아버리고 싶었는지
또르르 굴러온 궤적이 묘연하다
눈 질끈 감고 떠나오고 싶은 순간이 한두 번이겠는가
걷잡을 수 없는 파문을 잠재우며
함부로 휘둘리지 않을 고집을 끌고
어느 세간의 모퉁이를 돌고 있는가
바닥까지 내려가서야 내 쓸쓸한
유전자의 출처도 가늠할 수 있을 것이다

단추를 풀거나 잠그는 일
흔해빠진 세상의 단초가 거기서 비롯되었다

꽃피는 누옥

바다에 기대어 꽃피는 봄날을 기다리는데
메마른 쉰이 먼저 달려든다
간헐적으로 드러나는 굴곡진 해안선이
이마에 닿을 듯 환해
자꾸 해가 지는 쪽으로 몸이 기울어진다
아무런 안목도 없이 수척한 갯벌에 발을 들이자
점자처럼 돋아난 비릿한 누옥들
느릿한 처소에서 해거름의 말씀들 흘러나와
세상은 오히려 적요했는데,
호미를 든 사람들이 묵묵히 바다를 캐고 있다
청춘의 경작도 이렇게 간간하였을까
쪼그리고 앉은 등 뒤로 등대가 떠 있다
누가 이곳을 또 다른 쓸쓸함이라 부르는가
너무 큰 슬픔은 소리 내어 말할 수 없다 했느니,
멀리서 귀가를 서두르는 불빛이 깜박이고
무릎까지 허벅지까지 올라온 노을에
짜디짠 방언을 내뱉는 갯벌 또한 붉다
몸이 곧 한 채의 처소이므로

꿈에서도 물의 늑골을 베고 잠이 들 것이다
생의 한복판까지 이르러서야
짭짤한 봄날이 만개하는지
온통 푸른 물이 스며드는 저녁
내 안에서 파도 소리 꽃처럼 피어나고
바다 새 몇 마리 어깨 위로 날아든다

내시

역사의 한 페이지를 넘긴다
행간마다 선명한 핏자국을 기록하느라
눈물 따위 던져버린 지 오래이다
폭풍우 속에서 사내는 죄의 구실을 위해
격렬한 통증과 두려움을 감내한다
번개처럼 스쳐가는 치욕의 기억들
눈을 뜨면 불가촉만 남을 것이니,
이후 다시는 뜨거운 남성을 욕망치 못할 것이니,
사내의 내면을 휘돌아 간 것은 무엇이었을까
어느 고귀한 신분을 열망하였기에 족적조차 희미한지,
덕분에 불경하고 은밀한 모반은
우렁찬 음색을 잃어버린 사내에게서 이루어진다
어둠의 한복판에서 세상을 거부한 남자
그는 모든 권력을 거세하고 싶었는지 모른다
몇 번의 왕조를 바꾸어야
예민한 행보를 잠재울 수 있을까
피의 계보는 모반의 시간만큼이나 불길하다
다시 한 장을 넘기자 문이 닫히고

누군가 사뿐사뿐 달빛을 감아올린다

분주하게 담을 타고 넘어가는 소리 없는 쌍방울 한 채

누구인가

문신 2

욱신, 화살 박힌 어깨가 출렁인다
독하게 지지고 달였을 한 시절이
푸르고 선명하게 새겨져 있다
단단한 어깨를 꿰뚫고 날아간 곳은
집념이었을까 집착이었을까
근육이 움직거릴 때마다 화끈거리는 기억들
생의 한 곳은 늘 생생할 것이다
한번 빗나간 사랑은
어디에서도 쉽게 뿌리를 내리지 못하고
맹세란 대체로 상처를 들이기 쉽다
부메랑의 습성을 되풀이하는 건
오해의 문장들을 꿰어 맞추는 버릇 때문
마지막이라고 여겨질 때마다 그는
화살을 쏘아 올렸는지 모른다
번번이 어긋나는 과녁
되돌아오는 것에도 명중은 필요한 법이다
또 다른 별을 맞추려는지 높게 조준된 화살
팽팽한 적의(敵意)를 뚫고 비상 중이다

이번 생에도 큐피트는 어김없이 빗나가고
아직 오지 않은 추억과의 동거는 이제부터다

복사꽃 아래 저녁

복사꽃 나무 아래서 고기를 굽는다
봄기운 선연한 나무 그늘로
삼삼오오 사소한 추억들이 모여들어
상추쌈을 크게 한 입씩 우겨넣는다
우적우적 도화꽃의 지나는 청춘을 씹어대며
한 잔 세월을 주거니 받거니
지나간 모든 날들이 폐허라고
당장 폐기처분해야 마땅하다고
입안의 고기가 튀어나올 듯 떠들어댄다
매캐한 냄새를 들이마시며 꽃나무가 쿨럭거린다
한창 빛나는 시절을 피워내는 중이라며
한 잎의 생이 고깃점 위에 떨어진다
화들짝, 어느 적멸이 이리 가볍고 뜨겁더냐
열렬한 연애부터 산전수전 다 겪은 후일담까지
지글지글 고기판 위에서 익어 가는데
구름들은 죄다 역마살 낀 죄인이다
누군가 불콰해진 얼굴로 성토하자
끄덕이며 또 한 잎이 떨어져 내린다

향기로운 모가지 처연한 꽃나무 아래서
몇 생이 흘러간 듯
아니 누가 지나는 청춘이고
내게 오는 꽃시절인가 싶은,

유산

나는 피돌기를 멈춘 고목이다
삼거리 한복판에 서서
사방에서 들려오는 환난의 징후들을
제일 먼저 몸의 첫 마디로 피워내거나
귀향 가는 죄인의 수레를 잠시 머물게도 했나니,
날마다 늙어가는 비법을 줄기차게 거듭하였나니,
사는 게 이미 슬픈 일이므로
굽은 등을 오가는 매서운 바람의 전언을
생의 갈피마다 낱낱이 구술하였던 것인데
그러고 보니 나의 기원은 유구한 명성이 아니라
수시로 벽지의 소식이 피고 지는
북쪽의 작은 변방이었을 게다
오래전 아비는 내게 폐족을 상속하였으니
때로는 뜬구름 잡는 고행만 되풀이하다가
수천의 봄이 다녀가는 동안
몸 안에 푸른 이끼 하나 들이지 못했나니
나도 나를 믿을 수 없었던 것
우듬지 끝은 북쪽으로만 길을 트고 있나니

다시 수백 번을 되돌아간들
오, 혈기왕성한 폐족이여
어둠이 비린내처럼 번져간다
아비의 상속이 빛나는 순간이다

스노 볼

태엽을 감으면 악몽이 시작돼요
어둠 속에서 마차가 달려오고
은밀하고 재빠르게 늑대들이 뒤를 쫓아와요
한밤의 맹렬한 추격전
이곳은 아주 뜨거운 시간들이 흐르나 봐요
끝없이 내리는 눈은 모두 어디로 간 거죠
말의 더운 콧김이 눈꽃처럼 퍼져나가고
밤새 숲속을 떠돌아도 불빛은 보이지 않죠
백년을 돌고 돌아야 마차는 악몽에서 깨어날까요
누군가 끝까지 감아놓은 태엽 덕분에
이번 생은 어김없이 탄력 받은 스프링이죠
오, 어지러워요
한낮의 흔적은 모두 사라졌는데
자꾸만 시간 밖에서 시간을 돌려요
아무리 애를 써도 간격은 벌어지지 않고,
무례한 경적 소리에 퍼뜩, 정신이 들어보니
내가 쫓기는지 그들이 앞서가는지
끝내 풀리지 않는 주문들

스노 볼처럼,

이 악몽의 궤도를 벗어날 수 없어요

회화나무

시간을 거슬러 회화나무 그늘에 앉았네
꿈을 꾸듯 떨어져 내리는 잎들은
어느 시절을 헤매고 있는 것일까
잎이 피는 곳과 떨어져 닿는 사이
그 무한한 간격으로
신생의 언어들이 수북하게 흩날리네
피고 지는 사이가 아득히 멀어
나무는 부지런히 품을 넓히고 속말을 키웠네
시간을 한참 거슬러
회화나무의 젊은 날과 마주 앉았네
도란도란 잎을 틔우고
작은 입술 내밀듯 쌀알 같은 꽃잎 펴는 저녁은
아낙의 쌀 이는 소리 멀리서 들려왔네
여기저기 새로운 가지들이 뻗어나가는 날엔
허공 가득 새들을 불러들였네
나무의 한복판이 뜨거워져
혈관을 타고 오르내리는 숨결 밤새 눈물겨웠네
인간의 영욕을 온몸으로 받아내는 중이라며

회화나무가 조근조근 읊조리네
오랜 세월 나무는 향기롭게 그늘지고
나는 회화나무보다 더 빠르게 늙어가네

유배지에서

갈대숲으로 들어선다
메마른 기침을 내뱉으며 새들이 쏟아져 나오고
오래전 유배지였던 기억이 되살아나는지
활시위처럼 팽팽해지는 행간들
유폐된 사내는 하늘을 버리고 새를 얻었을까
하긴 누가 이곳까지 이르러
또 다른 유배를 불러들이겠는가
맹약의 변질은 때로 화살보다도 빠르다
제 안의 습기를 모두 걷어내야만
들끓는 뜨거운 절망 하나 건질 수 있다
그때마다 허공으로 무수한 검이 박혔으리라
천년을 거듭해온 날카로운 외침들
바닥까지 드러낸 채 억세게 피고 지는 항변이다
아, 그러고 보니 그는 은둔을 빌미로
평생 지워지지 않을 혈서를 버려놓은 것일까
독을 품은 분노로는 무엇 하나 비워낼 수 없는 법
어떤 결기가 이보다 매서우랴
새들이 먹물처럼 번져가는 노을을 끌고 와

갈대의 하루를 탁본하고는 돌아간다
혐의를 품은 새들이
하늘을 차지한 지는 이미 오래전 일이다

제3부

능소화

한동안 넝쿨만 밀어 올리던 능소화나무
좁은 골목길 담장에 기대어
황적(黃赤)의 커다란 귀를 활짝 열어젖힌다
한 시절 다해 이곳까지 오는 길이
몽유의 한낮을 돌아 나오는 것 같았을까
지친 기색도 없이 줄기차게
태양의 문장들이 돋아난다
서로를 의지하는 것들은
보지 않아도 뒷모습이 눈에 익는 법
오랫동안 등을 맞대고 속내를 주고받던 담장이
울컥, 먼저 뜨거워진다
누군가에게 이르는 길은 깊고도 고되어
이리 눈물겨운 기억만으로도 다시 피어나는 것이니
묵정밭 잡풀들도 온 정성으로 피어난다 했으니
내겐 꽃 시절도 서릿발처럼 매운 까닭이다
온몸의 촉수를 열어 발돋움하는 어린 잎들
그들의 발 빠른 행적이 퀴퀴한 골목을 쓰다듬는다
막 당도한 여름들이 능소화 곁으로 모여들고 있다

붉은 섬

여자의 하문에 아기가 걸려 있다

동쪽 끝에서 서쪽 끝까지 계엄령이 내려졌다

화산섬은 곧 붉게 타올랐고
나는 어떤 언어로도 섬을 읽어낼 수 없었다

여자의 가슴을 철창이 뚫고 지나갔다
중세의 기사가 창검연습을 하듯이,
한 치의 오차 없이 과녁을 꿰뚫듯이,

지켜보던 나무는 눈과 귀를 닫아걸고 폐문을 작심하였다

철창이 뚫고 간 자리마다 별빛이 들어와 흐느낀다
하얗게 빛나는 뼈들
동백이 울컥, 붉은 문장을 토해내자
걸려 있던 아기가 애벌레처럼 꿈틀거린다
툭, 세상을 뚫고 나오는 소리 없는 울음

섬은

울어보지 못한 울음을 밤새 운다

온몸이 통점일 수밖에 없는 붉은 섬

---

*1948년 12월 28일 안인순 할머니의 동서 문씨는 남편 홍씨가 입산하였다는 이유로 출산 도중 하귀특공대에 의해 학살. 가슴 여덟 군데와 모두 열세 군데를 철창에 찔려 숨을 거둠. (제주 4·3사건, 시사저널 1998년 4월 9일자)

미로

기억이 맞다면
모름지기 여자는 하나씩 미궁을 가지고 있다
그 안에는 수많은 미로가 나 있어
수천 년이 지나도록 심중을 꿰뚫지 못하는 것
안쪽으로 깊이 들어갈수록 길을 잃기 십상이니
매번 그 앞에서 맥을 못 추는 것
기억력 없는 남자들이
한 뼘의 깊은 강을 건너지 못하고
수시로 미로 속에서 헤매는 까닭이다
자고로 남자의 믿음은 믿을 게 못되나니
바람의 갈래만큼 많은 눈물샘을 움켜쥐고
획기적인 획 하나 준비 중이다
경험하지 않으면
안과 밖은 짐작으로도 알 수 없는 일
겹겹이 견고한 벽을 지나 다다른 곳이
바람의 궤도라면 이미 미궁에 갇힌 것이다
이곳을 관통하는 이 아무도 없었으니
마침내 여자에게 이르러

머뭇머뭇 몇 생을 서성이는,
다이달로스의 출구는 막다른 궁지였을까
애달픈 실타래를 잡고 힘겹게 미로를 헤매는
후생의 그대가 아득히 보이는데,

도배

벽지를 새로 바르자 탄탄대로, 봄이 돋아 있다
사계절 내내 눈부신 이슬을 매달고
벽 저쪽 깊고 맑은 물길이라도 내는가
끝도 없이 펼쳐진 파릇한 초원
운 좋게 낚아챈 어여쁜 한 시절을
줄기차게 되새김하는 중이다
퀭한 두 눈에 풀물이 들 때까지
삭정이 같은 발목에 저녁이 감길 때까지
노인은 하루 종일 깜박이는 기억들을 파종한다
비스듬히 기울어진 달동네의 저녁과
가늘고 여린 풀벌레 울음과
빠르게 스쳐가는 청춘의 날들
이슬들은 밤새 불면을 모아들이고
아무리 들춰봐도 재생되지 않는 시절들
그 안에서 질기고 푸르른 치매가, 피어났다
젊은 시절 잘나가던 도배 기술을 되살려
노인은 능숙하고 재빠르게 똥·칠을 할 것이다
어쩌다 환한 절정들이 돋아나기도 했으나

누구에게나 한때는 그저 한때일 뿐
지금 눈부시게 풀들을 키우는 건
우회할 줄 모르는 부주의한 노망이다
아, 풀밭 끝에 잘생긴 세월 하나 반짝이고 있다

오일 後

오일 간격으로 골목은 깨어난다
높은 회색 벽을 담장 삼아
태아처럼 웅크리고 앉은 노파들
몇 뼘 공간에 생의 텃밭을 옮겨왔는지
하루 종일 사계절이 피었다 진다
볼이 미어지게 내뱉는 주름의 골마다
애달픈 사연들 그렁그렁한데,
며칠간의 안부가 오가는 사이
그깟 봄날쯤 금세 동이 나고 말 것이다
거래란 그런 것이다
시들해진 오후는 얼렁뚱땅 덤으로 얹어주는 척
눈 깜짝할 새 지나는 꽃 시절일랑
다소 거드름을 피워도 좋으리라
예까지 당도한 남루한 이력들은
본디 같은 뿌리에서 뻗어 왔는지도 모른다
맵싸한 내음이 명치끝까지 파고드는 좌판
아, 길게 이어진 행렬 어디쯤
욱신거리는 한 시절 깔고 앉아

곰삭아 발효된 그리움이나 펼쳐야겠다
더 이상 무르거나 상하지 않을
꼬들한 목록들을 내다 팔아야겠다
서로의 질긴 인연을 새삼 확인해보는
오일 後

청동 숲

종이 울리자, 새들이 날아오른다

둥글게 조각된 천년 숲에는
가지마다 해독되지 않는 문장들이 촘촘하다
한 걸음 내딛자 갇혀 있던 새 울음이 튀어나오고
울창한 청동의 문명이 한 겹씩 벗겨지는 중이다
종의 울림을 들으며 살이 오른 새들
누군가 천기누설의 죄를 짓고
이 깊은 곳으로 숨어들었을까
소통을 단절하고서야 저만의 통로를 새겨놓은 것일까
오래전 은자께서 탐독했을 고뇌의 길목들
미세한 혈점까지 잔뜩 녹이 슬어 있다
어느 세월에 주파수를 맞추었는지
일순 날카로운 한 획 허공을 가로지르고
먼 곳의 바람들이 몰려와 새들을 실어 나른다
종이 울릴 때마다
전생으로 미행을 나갔던 새들이
다시 청동 숲으로 되돌아오는 길

종 한가운데가 분주해진다
몇 생이 지나도록
저녁 무렵을 날아가는 청동의 날개들
푸드득 날갯짓을 털어내며 새들이 쏟아져 나오고
한동안 숲의 비밀이 사회면을 장식할 것이다

자미원역

태백을 넘어온 소식들이
쿨럭이며 해발 700여 미터의 고지를 오른다
눈(雪)처럼 소복해진 눈두덩을 비비며
꿈 많은 이들의 고단함을 실어 나르던 완행열차
충혈된 쇳소리 길게 울리며
숨 가쁘게 올라온 산맥의 장대한 등뼈가 꿈틀거리고
차창 눈 시린 계곡마다 성에꽃이 피고 진다
잠시 숨을 고르는지 둔탁한 앞발을 모으고 서 있는 태백선
산굽이를 밀어내고 깊은 토혈을 뱉어내느라
기적 소리 허기진 칭얼거림이 낮게 휘어진다
늙은 역무원이 고원에 서서 깃발을 흔든다
아득한 시공을 건디며 흩날리는
저 오래된 한 점 노숙의 별, 별들
그가 늙어가는 동안
검은 탄광은 잊힌 풍경이 되었고
이제 누구도 막장인생을 말하지 않는다
뼈아픈 시간들이 소복소복 쌓여 있는 역사를 뒤로한 채
잠시 정차했던 추억과 사연들

푸른 불빛을 삐걱이며 어디로 저어가는가
폭설이 내리고
자미원은 또 혼자 서 있다

빗살무늬

어제는 짐승의 시간이었어요
오랜 유목을 끝내고
수백 도의 펄펄 끓는 화기를 견뎌냈지요
어쩌다 가끔 순백의 쌀알을 받을 때면
온몸 황홀해져 전율이 일곤 했지요
숨도 쉴 수 없는 암흑을 지나
날카로운 빗금을 몸에 두를 때까지
수천 년을 감당하기에는
나는 너무 소극적이고 협소하여라
폐허처럼 버려져 있을 때에도
수없이 겨울이 내리고 꽃이 다녀갔지요
그때 이미 소멸의 끝에서 당신을 알아버렸으니,
내게 유적의 냄새를 입히고
빗살 문양을 넣은 이는
자신의 빗장뼈를 갈고 다듬어
아직 오지 않은 날들을 벼리었을까요
꿈에도 기교가 필요한 법이라지만
화려한 장식 따위 필요치 않아요

지금도 기원을 찾아 다시 태어나고 싶은
나는 끝이 뾰족한 빗살무늬토기여요

떠도는 부족

말[言]로써 그려진 지도가 있었다
아이의 첫울음으로 운명의 등고선을 점치고
짐승들의 귀도 처음인 듯 열리던 곳
누대 몸속으로 유전해온 길이 있어
아슴하니 눈길 닿는 곳까지 획을 그었는지
그들의 생을 축척해도 영역은 가늠되지 않았는데,
몸에 길을 들여 가는 곳마다
부족의 영토는 새로이 확장되곤 했다
보이지 않는 곳에 좌표를 그렸으므로
어디에도 경계선은 없었으므로
간혹 돌아오지 못하는 이들도 생겨났다
그들은 탯줄의 울림으로 지도의 노래를 배우고
가장 먼 별자리에 방점을 찍어
매일 웅장한 족적을 기록했으리라
모든 문명이 부족을 비껴갔으므로
말[言]의 사원을 짓고 탑을 올렸으리라
무지개를 필사하여 후세에 전하기를 수백 번
몸으로만 익혀온 지도는

신기루처럼 사라지고 말았으니,

태초 아름다운 지도는 멸실되었으니,

이로써 부족은 떠도는 것들의 기원이 되었다

과육은 평행선을 갖는다

오래되어 쭈글쭈글한 사과를 깎는다
어느 한 지점 허술한 틈을 타 칼집을 넣자
단단하게 앙다물고 있던 껍질이
층층 누각 허물어지듯 벗겨진다
아삭하고 달콤한 좌우가 주저 없이 분리된다
오랜 시간 햇살과 바람은
씨방 안에 고여 들어 사방으로 퍼져갔던 것
처음부터 중심은 나뉘기 위해 평행선을 키웠던 것
이쪽과 저쪽은 이미 건널 수 없는 강이었던 것
그러므로 파멸은 언제나 내부에서 시작된다
두근거리는 심장은 다가올 미래를 예감하기 때문이다
까만 씨앗을 가만 들여다보니
용광로처럼 들끓던 한 시절 고스란히 쥐고 있었던 것
언제 쪼개질지 몰라 안절부절
안쪽에서부터 둥근 결은 모서리를 지워갔던 것
과육은 씨앗의 시절부터
위아래 좌우의 평행선을 기른다
세상 모든 불안은 형태를 갖추면서 시작된다

지구의 아름다운 기울기에도 틈은 있을 것이다

폭설 4

폭설의 한가운데 서서 청령포를 바라본다
오래전 어린 임금께서 이곳에 유하시니
그로부터 한숨과 두려움이 철마다 피고 지고
이를 실어 나르는 파발마도 가슴까지 푹푹 젖어갔으리
제대로 잠겨보아야만 분노의 수위도 가늠할 수 있는 법
하긴 그리 젖지 않고서야
물의 내륙으로 들어올 수가 있었겠는가
수백 번 물길을 베어도
물은 웬만해선 길을 내주지 않았을 것이고
들고 남이 진퇴유곡이라
해마다 목을 늘인 청송 한 그루
죄스러운 문안을 여쭈었을 것이다
천지간에 눈발이 휘날리고
수없이 도성으로 흘려보낸 무언의 바람이
흉흉한 소문만 키웠느니,
반역의 뿌리는 어디서나 줄기차고 재빠르다
문득, 다급한 말발굽 소리에 고개를 드니
내지에 들어 외려 마음의 오지를 벗어났다고

삼삼오오 어소를 참배하는 사람들
밀려난 것들의 중심에서 찰칵,
당신들의 한때가 소란스럽게 지난다
급보라도 전하는지 눈발은 더욱 굵어지고
청령포를 오가는 배 한 척
유폐의 내막을 실어 나르는 중이다

폭설 5

액자 속으로 폭설이 쏟아진다
수백 년 전에도 후일에도 그럴 것이다
사계절 내내 눈이 내리는 동안
형광불빛 아래의 저녁이 지나고
풋여름같이 짧은 유년이 지나고
더운 피 부글거리는 시절이 잦아들었다
이를테면 아주 흔한 풍경이다
누군가 버리고 간 그림 한 점
허술한 테두리에 갇힌 흑조도
그림 밖의 세상을 읽고 있을까
내세이거나 전생이었을 어느 하루
혹은 백년의 간극을 탐독하느라
갈수록 틈새가 벌어지는 내 생의 구도에도
날이 저물고 한기가 몰아친다
하릴없이 그림을 둘러보는데
저만치 폭설 속을 서성이는 낯익은 모습
언제부터 나는 이곳에 버려졌을까
때론 너무 명료하여 읽을 수 없는 것들도 있다

그 어떤 세밀한 필법으로도
이를 다 기록할 수는 없는 법
말하자면 이곳은 끝내 폭설이 멈추지 않는
액자 속 필생의 유형지이다

처용을 찾아서

대문마다 붙여놓았다는 너를 찾아
달 밝은 거리를 지난다
동해까지 닿았다는 기와 담장들은
어느 풍문에 날아갔는지 모텔만 즐비한데
배롱꽃 환한 가등 아래
불경하게 피고 지는 오, 황홀한 역신들
등잔 밑이 더 뜨거운 법
서라벌 한복판에 서니
천년 고도가 뜨겁게 달아오른다

눈매 깊고 이마 훤한 우직한 나의 처용
서역의 산맥과 모래언덕을 넘어
깊고도 아득한 용궁 속 해일을 뚫고
훤칠한 낭도들을 이끌고 휘적휘적 다가오는
전생에서조차 만난 적 없는 역신, 같은 당신이거늘
동침의 이력도 없이 배가 부풀어 오르니
내 죄를 만천하에 증거해주세요
매일 밤 만월을 키워 남몰래 당신을 꾀어낸 죄

그 죗값으로 밤마다 당신을 관통해 지나간 죄
또 그 허기를 못 이겨 밤새 춘정으로 신음한 죄
이차선 저잣거리에 만개한 소문을 따라
별빛 총총한 시공을 건너 한 번은 조우했음직한
꿈속 같은 서라벌
긴 팔 휘저으며 춤을 추며 오는
밤마다 통정하고 싶은
어디에도 없는, 나의 처용

꽃, 아찔한

모퉁이를 돌자 문득, 봄이 되었다
잔뜩 부은 목젖을 밝히듯 색색의 꽃들
계절을 기록하는 일로 북적이고
발그레한 기침을 내뱉으며 햇살이 터질 때마다
후미진 구석까지 향기가 몰려다닌다
이쪽으로 엎질러진 순간
담장 밖 그늘은 모두 후렴이다
한 세상에서 다른 곳으로 건너가는 찰라
이 짧은 길을 나는 꽃들의 처소라고 적는다
폐문을 작심하고 돌아선 담장 끝 한 그루
밭은 호흡 한 송이 내걸었다
머물러 있다고 흐르지 않는 생이 있겠는가
이미 기울어가는 것들도 다시 한 번
몸을 세우는 때
눈멀도록 격렬한 절정을 노래하느라
기어이 향기로운 땀내로 피어나는 것이니
백 년 전에도 한 시절 다해 이 길을 품었으리
당신이 내게 다녀간 한때도 그러했으니

꽃들의 곁으로 떠들썩한 하루가 또 지나고

어느 세상을 옮겨 적는 중인지

좁은 길 그들의 아찔하고 유구한 땀내 흐드러진다

제4부

숲과 새

숲은 하나 둘 새 울음을 받아 안는다
멀리까지 소리를 전하기 위해
지상의 잎새들 끄덕이며 정갈한 이마를 내어주고
바람결을 어루만지며 새들은 태어나고 자란다
저 드넓은 허공은 새들에게 깊은 노동이 되기도 하는 것
더 깊이 은신할수록 눈물겨운 몸짓들
하여 비상이 환상이 되는 순간이다
먼 곳에서 날아온 울음을 되받아
깃털마다 푸른 물이 스며드는 저녁
지상의 길들이 어둠을 꺼내놓는다
바람과 숲은 오래전부터 새들의 은유였으니
적막과 무성함이 서둘러 새들의 몸 안으로 깃들고
그들의 몇 계절이 사람의 몇 걸음과 같으다
어둠이 지날 때까지
내 안의 둥지들이 격렬한 바람 한 장씩 키우는 동안
빛나는 청춘들은 숲 한가운데를 관통해가고
푸르른 사유를 쪼아대며 새들은 소멸한다
매번 아름다운 족속으로 세상을 품에 안는 까닭이다

가난한 벽화

겨울이면 문득 무성해지는 숲이 있다
조촐한 식탁을 지나 미닫이를 밀자
자작나무처럼 환하게 피어나는 벽
보기만 해도 눈을 베일 것 같은 얼음꽃이
벽면 가득 눈 시린 툰드라를 피워낸다
벽 저쪽 끝에서 북극곰 한 마리 어슬렁거리는지
빽빽한 숲 사이 커다란 발자국이 선명하다
빙하로 뒤덮인 한 세계가
예언의 별빛처럼 반짝거리고
이곳에 오래전부터 은둔해온 이가 있어
영하의 날씨를 삼엄하게 조각하는 듯싶은데
햇빛 들지 않아 오히려 눈부신 각혈의 기록
오, 내게는 더할 수 없는 궁벽이거늘,
칼날을 품지 않고서야
저리 낯선 벽화를 그려내겠는가
푸른 형광불빛 아래로
세상의 저녁이 스며드는 시각
남루한 베란다까지 흘러간 불빛이

벽의 갈라진 틈새 구석구석을 적신다
바라건대 가난 또한 길들이면 익숙해지리니
벽화 속을 들락거리는 얕은 잠
오늘도 한파가 지난다고 한다
서슬 퍼런 설화 한 폭 빛나는 밤이다

말[馬]

채널을 돌리자
말 한 마리 폭설 한가운데 멈춰 있다
먼 길을 쉬지 않고 달려왔는지
거친 호흡에 모래먼지가 들썩거리고
적막이 휘날리는 어둠 속에서
덩달아 긴장한 눈발에 내 눈이 젖는다
누가 급하게 띄운 파발마일까
높이 치켜든 앞발엔
몇 날 며칠 사나운 일정이 찍혀 있다
안장도 없는 잔등의 갈기가 바짝 곤두선다
말 울음소리 길게 시공을 가로지르는 밤
그와 나,
어느 쪽이 잘못 갈아탄 세월인지
그는 방향을 가늠하느라 허공에 헛발질을 해대고
나는 화면 밖 심야의 기후를 염탐 중이다
초승달이 편자처럼 박혀 빛난다
그의 등에 훌쩍 뛰어올라
멀리 이름 없는 설산까지 내처 달리고 싶은데,

누구의 전언으로 핏발 선 울음이 이곳까지 닿는가
문득 뒤늦은 귀가의 초인종이 울리고
집안 가득 눈꽃이 피었다 사라진다
하루 종일 편자가 닳도록 달려온 노쇠한 말
다각다각 쉰내 나는 말발굽 울림이
밤새 귓속에서 폭설처럼 쌓여간다

근심

이마에 손을 얹은 채 잠을 청한다
이마에 손을 얹으면 근심을 불러 모은다 했는가
누워서 먼 강물 소리를 듣는다
어디선가는 폭설이 내리고
누군가는 생의 모퉁이를 돌아서 변방으로 향할 것이다
근심도 쌓이면 다정이라 했는가
당신은 언제나 모질게도 출렁이는 물결이어서
나는 정처 없는 비문들을 해독하는 데 골몰한다
밤새 퉁퉁 불은 문장들이 떠다니고
물결은 흘러가면 그뿐
다시는 나의 머리맡을 서성이지 않을 것이다
한때 피안이라 믿었던 내 머리맡의 강물
몇 소절의 물굽이를 부려놓고는
어디 아득한 은하(銀河)에라도 닿아 있는가
강물이 내 안에서 폭포처럼 내달린다
뻐근하게 와 닿는 통증을 다시 돌려보낼 수 없어
이마 위에 손을 얹는다
봄빛은 깊어 가는데

세상 끝의 적막을 안고 돌아오려는지
먼 길 떠난 사람은 기별이 없다

뿌리

뿌리는 힘이 세다
수십 년 세월을 밀어 올리는 힘으로
매일 쥐눈이콩 같은 눈망울을 매달고 길을 낸다
기억 켜켜이 어둠의 지층을 뚫고 나아간 흔적이
시퍼런 강물처럼 겹겹이 굽이치는 저녁
뿌리는 뿌리만으로도 온전한 몸통을 이룬다
어둠보다 두터운 벽이 있으랴
누구도 읽을 수 없는 뿌리의 내력을
더운 숨결 내뿜는 잔털이 말해준다
축축한 흙냄새에 처음 내딛는 발걸음이 말랑해지고
이제부터 모든 어둠은 뿌리의 시작이다
뿌리의 문을 밀면 저 안쪽 깊은 곳에서
쿵쾅이며 들려오는 우렁찬 함성들
지상의 푸른 잎들이 땅밑으로 신호를 보내는지
파르르 가녀린 심호흡을 내뱉는다
누구나 보이지 않는 어둠의 시간 있었으리라
폭풍우 몰아치는 날에는 잠시 주춤하기도 했으리라
그러나

어느 종족이 이리 형형한 눈빛을 가졌는가
단단한 암벽을 파헤치는 힘으로
여전히 길을 탐색하는,
뿌리에게는 어둠도 환한 불빛이다

폭설 6

쪼그리고 앉은 개의 눈으로 폭설이 지난다
아무리 봐도 알 수 없는 눈빛 속에서
내 하루도 꼼짝없이 길을 잃었는데,
시커먼 입안은 동굴처럼 깊어
몇 계절을 걸어가야 할 것 같다
컹컹 짖을 때마다
혈기왕성한 시절이 열렸다 닫히고
그 앞에 선 나는 다가올 봄날을 잊었다
그의 입속으로 내 한 시절이
단번에 쓸려갈 것만 같아
덩달아 두 다리에 힘을 주고 버틴다
그와 더불어 한나절을 주고받느라
순식간에 생의 절반을 넘기었다
껌벅이는 눈을 들여다보는 동안
몇 번의 계절이 왔다 가고
어느새 내 몸도 동굴처럼 깊어져
어둡고 축축한 울음이 온몸을 관통해간다
뜨거운 짐승의 무늬가 목젖을 넘어간다

얼마나 오랫동안 폭설을 받아내야 하는가
내 꼬리뼈도 백 년째 진화하는 중이다
그가 나를 측은한 듯 바라본다
맙소사,

여각(旅閣)

나이마다 제각기 이름을 붙인다면
여각이라 이름 붙이고 싶은 때가 있다
휘적휘적 눈 깜짝할 새 당도한 기나긴 반백년
쉰, 이라는 문을 밀자
숨 가쁜 나날들 삐걱이는 무릎에 닿아
그동안의 행적을 굽어보는 것인데
격렬한 시간의 무늬 겹겹이 쌓여 있는 협곡마다
누구나 빛나는 한 시절 저장해두었을 테지만
생의 누추한 파문들 모두 무릎 근방에 몰려 있어
곧 시린 바람이 일 것 같다
잔뜩 녹이 슨 경첩처럼 뭉툭하고 못생긴 관절
이 깊은 틈새에서 불빛 하나 아득하게 깜박인다
그 어느 곳엔가 생애 두고두고 찾아갈 여각 한 채
나는 푸르른 등불을 앞세우고
숱한 저녁을 건너 이곳에 당도하였는가
시름시름 옛사랑을 추억하듯 걷고 있는가
허름한 변방도 등 기대면 그리움으로 남을 일이다
낯선 여각에 누워 기록하는 어느 하루도

먼 날, 다시 내 간 길을 되짚어 돌아오고 싶을 것이다
돌아와 무심코 지나친 한때를 구석구석 둘러보리니,
시큰거리는 무릎이 보이지 않는 길들을 불러들인다
먼 곳으로부터 폭설이 찾아온다는 기별이다

낙타 2

거리에 낙타 한 마리 지나자
호기심에 찬 눈초리들 일제히 흘깃거린다
따가운 시선이 박힐 때마다
솟아오른 혹은 더욱 출렁이고
모래바람 속의 구덩이는 예측 가능한 횡포
미리 알고 허덕이는 것도 예의일 터,
어쩌다 등이 닿기라도 하면 사람들은
삭막하고 건조한 바람 소리를 낸다
그럴 때마다 바닥에 똑바로 누울 수 있는 당신
당신들, 한 번이라도 바닥을 품어본 적 있느냐고
타박타박 방울 소리가 쩔렁거린다
도심 한가운데 길을 내는 낙타
그 발자국을 따라
아무도 가본 적 없는 사구와 지평선
끝도 없이 펼쳐지는 황량한 먼지들
고통은 옮겨 적을 수 없을 때 더 확실한 법
제 안의 슬픔을 모두 삭혀내야만
사막처럼 담담해질 수 있을 것이다

어쩌면 남들보다 더 많은 습기가 질척거릴지도 모를
평생 짊어지고 온 불룩한 등 뒤의 사막
아침을 맞는 일은
불빛 하나 없는 적막에 닿는 일이다
저 낙타, 어느 사나운 모래언덕을 넘고 있는가

널뛰기

몽골 새댁이 널을 뛴다고 모두들 신기해한다
오랜만에 화색이 도는 얼굴로
열심히 발을 구르는 여자
폴짝, 날아오르면 고향의 식구들이라도 보이는지
두 눈에 자욱이 안개가 피어오른다
힘껏 발을 내딛을 때마다
말 잔등처럼 단단해지는 널
몽골의 초원이 멀어졌다 가까워지고
고향집 대문도 없는 천막이 펄럭거린다
바람과 별과 말발굽 소리 수시로 들락거리는 파오
말을 타고 단숨에 내달리던 벌판
들리지 않아도 모든 소리가 파랗게 피어난다
귓속에서 윙윙대기만 하는 이국의 말들은
눈치코치로도 다 알아들을 수 없는
좀체 출구를 찾을 수 없는 미로다
수년째 겉돌기만 하는 여자
댕기머리 계집애가 구릉을 넘어 아득하게 서 있는
흙먼지 자욱한 고향을 향해 있는 힘껏 널을 뛴다

박차를 가해 뛰어오르자
모여선 사람들 일제히 함성을 지르고
드넓은 초원을 향해 뜨거운 콧김을 불어댄다
가는귀먹은 여자의 길고 힘찬 말울음 소리가
초원을 달려가는 중이다

새

사내는 가슴속에 새를 키웠다
또 다른 세상을 열기에는 날개가 제격이므로
두근거리는 혈류를 따라
겹겹이 격렬한 세계를 탁본했을 것이다
힘겨운 노정마다 고된 혈서가 찍혀 있다
그의 소망은 넓고도 깊어
어디에도 닿을 수 없었는지
오래전 내뱉은 가쁜 호흡이
지금 우리의 한 세계를 꿰뚫고 날아가느니,
험준한 계곡과 산맥을 넘어
몇 생을 관통해 날아가는 새들
날개를 가진 것들은
스스로 고통임을 알지 못한다
억울하지 않은 유배가 어디 있겠는가마는
비상할 때마다 비운의 날개를 갈고닦은 사내
날개의 접혀진 부위엔
도성의 소식이 칼날처럼 박혀 있는데,
오체투지 뼈저린 행로를 짚어보니

서식의 습성이 가벼웠으므로
그는 오래전부터 하늘의 유목민이었다
허공을 차고 날아오르는 사내의 두 눈이 붉다

염전

소금밭으로 저녁이 내려앉자
염부의 수레가 붉은 서해를 밀면서 오네
하늘과 지상의 경계는 점점 엷어져
세상의 저녁이 모여드는 중이네
와싹, 결정(結晶)이 되기 위해 터지던 소리도
소금이 왔다 가는 시각도 가라앉고
짜디짠 심호흡에 흉부마저 붉어지는 순간이네
저녁과 마주앉아 나는 독작을 하네
오래된 슬픔들은 적당히 간간해져
익숙한 그리움으로 꾸덕꾸덕 말라갔네
아물지 않은 상처를 숨기느라
사내들은 배에 힘을 주고 떠들어대네
생은 비루하고 푸르른 젊음들은
쉽게 증발해버리기 마련이네
곧 그들의 마음에서도
혈기왕성한 풍경들이 사위어 갈 것이고
곰삭은 저녁은 염전의 오래된 미덕일 것이네
이곳에 이르러서야 더 이상 먼 곳이 없어졌네

생은 막다른 길목에서 갑자기 단순해지는 것
내게 다녀가는 것들은 소금기 가득 물고 되돌아갔네
상처에 딱지가 앉기 시작했네

백년을 걷다

산길을 걷는 동안 백년이 지나버렸다
내가 어린 날엔 산길도 젊었나니
오랜 세월이 지나도록
파릇하고 싱그러운 경전의 세습이 한창이다
모퉁이를 도는 순간 한 시절이 훌쩍 지나고
오동꽃은 벌써 후생까지 이어질 향기를 아득히 피워낸다
이름 모를 꽃들 사이를 지나며 꽃 시절을 호명하였나니,
내가 틈틈이 이 길을 오르는 동안에도
끊임없이 잎을 내고 꽃을 피우고
후일을 도모했을 것이다
적막이 내려앉을 틈도 없었건만
산문을 들어선 기억조차 나지 않는데
이들을 생의 변방이라 즐겨 노래하였나니,
나는 호젓한 문장들을 나열해놓고
한낮의 고뇌와 평생의 시름을 불러들여
어느 눈먼 나비라도 후려볼까 염탐 중이다
울창한 모퉁이를 돌아서자
어느새 구부정한 호흡만이 터벅터벅 세상을 걸어간다

무성한 숲속을 오래 탐하고 내려오는 오후
산문을 나서자 해가 기울고
또 백년이 지나고 있다

회화(會話) 혹은 회화(繪畵)

회화나무 그늘에 앉아 회화를 생각한다
회화의 방식에 대하여
수많은 말의 겹침과 덧칠하는 가지와 잎새들
반복적으로 피어나는 태양에 대하여
아주 먼 곳으로부터
내 살갗을 기억하며 불어오던 바람에 대하여
그리하여 가지가 잎을 틔우고 말을 피워
새로운 허공을 열어가는 과정을 생각한다
그리하여 잎잎마다 소곤거리는 간격을
서로는 아득한 번짐이라고 속삭인다
꼬리를 물고 돋아나는 말을 좇아
곁길로 걸어 들어가면 환하게 번져가는
그래서 소리 없이 기민하게 움직이는,
당신과 당신의 회화에는
어떠한 색채가 번져갈까
모서리를 돌아 나온 곡선의 허물을 바라보다가
나는 오늘 또 하나의 화법을 모색해보는 것인데
어디선가 툭 떨어진 말의 씨앗이 눈덩이처럼 불어나고

무럭무럭 자라나는 커다란 잎과 혀
수없이 피고 지는 현란한 회화 한 점이
서두와 결말 없이 한 시절을 난무한다

호미

헛간 한 켠
녹이 슨 호미 한 자루 비스듬히 누워계시네
쓸쓸한 퇴물이 되어버린 아비처럼
날렵하던 몸체 볼품없이 휘어졌네
문을 여닫을 때에만 잠깐씩 드러나는 몰골
나는 예닐곱 계집아이로 돌아가 호미를 집어 드네
아직도 쨍쨍한 쇠 울음의 기백을
황폐한 전답 어디든 파종하고 싶어지네
노을 속으로 들어간 어미 저녁의 고랑을 일구는지
밤이 오는 소리 맑게 퍼져가네
아비는 여전히 집안 곳곳 불협을 파종하고
뭉툭한 물음표로 남은 호미 한 자루
곰곰 어느 산비탈을 건너고 있는가
본디 나의 태생도 뿌리 깊은 농경이어서
허울 좋은 계보를 솎아내는 데 반생이 지났네
아, 이 봄을 다 살아도
어미의 속내는 사뭇 궁금하겠네
이제 저 호미와 함께

어느 세상을 경작하시는가

해설

그 오래된 시간은 모두 어디로 갔을까

고봉준(문학평론가)

    최재영의 시는 정직한 실존의 기록이다. 그녀의 시는 '역사'라는 비(非)시대적 목소리를 차용하여 세상–현실에 대한 메타언어로 진술하기도 하지만, 그 세계의 이면 혹은 밑바닥에서는 존재론적 불안의 기운이 끊임없이 흘러나온다. 강박적으로 반복되는 이 흔적의 유출은 시인이 "제 안의 슬픔"(「낙타 2」), "내 안의 그늘진 폐허"(「목련 1」), "제 안의 습기"(「유배지에서」), "내 안의 비밀"(「관목(貫目)」) 같은 내면 풍경을 오랫동안 응시해왔음을 보여준다. 그리하여 최재영 시의 특징적인 면모는 세계와 사물에 대한 개성적인 관찰과 자신의 내면에 대한 성찰적 시선이 어느 하나로 귀속되지 않고 평행선을 이루는 것에서 찾을 수 있다. 세계와 사물을 대면

할 때 그녀의 언어들은 한층 묘사적이어서 한 폭의 아름다운 풍경화처럼 비유적인 언어들로 세계를 묘파한다. 세계에 대한 시적 전유라는 점에서 이러한 비유는 충분히 개성적이지만 낯선 것은 아니다. 하지만 시집 전체를 읽으면 우리는 그녀의 시가 수시로 그러한 세계의 시적 전유와는 다른 길을 만들어내고 있음을, 그리하여 반복해서 두 갈래 선택에 직면하고 있다는 것을 발견할 수 있다. 개성적인 시선에 의한 세계의 수사적 전유와 내적 불안을 동반한 삶에 대한 회고와 성찰이 그것들이다. 전자는 시집의 전반부에서, 후자는 3부 이하의 후반부에서 각각 주요한 모티프가 되고 있다.

  철학자 하이데거의 주장처럼 인간은 '불안'의 존재이다. 이 존재론적 불안은 인간의 유한성에서 비롯되는 것이기에 누구도 거기에서 벗어날 수가 없다. 실상 우리가 추구하는 모든 인간적 가치 역시 유한성에 근거하고 있다. 우리가 무한한 존재라면 애써 무언가를 선택하거나 추구할 이유가 없을 것이며, 지금 이 순간에 '이것'이 아니면 안 된다고 고집할 까닭도 없다. 인간적 가치란 유한한 시간과 기회 안에서 특정한 것에 에너지를 투여할 때 생기는 것이다. 하지만 인간이 유한한 존재임을 깨닫는 것과 죽음에 대한 두려움을 떨쳐버리는 것은 같은 것이 아니다. 즉 하나가 다른 하나를 자동적으로 해결해주지는 않는다. 그것은 "늙는다는 건 우주의 일인 것이다"라는 생물학자 조너선 실버타운의 주장을 듣는다고 '늙어감'에 대해 초연해질 수 없는 것과 비슷한 이치이다. 최재영의 시에서 실존적 불안은 주로 죽음보다는 '늙어감'에 대한 경험으로 가시화된다. 이로 인해서 그녀의 언어는 불가역적인 물리적 세계의 시간법칙을 따르지 않고 현재 속에서 끝없이 과거, 특히 시간의 흘러감을 발견하려는 의식을 노출하게 된다.

> 휘적휘적 눈 깜짝할 새 당도한 기나긴 반백년
> 쉰, 이라는 문을 밀자
> 숨 가쁜 나날들 삐걱이는 무릎에 닿아
> 그동안의 행적을 굽어보는 것인데
> 격렬한 시간의 무늬 겹겹이 쌓여 있는 협곡마다
> 누구나 빛나는 한 시절 저장해두었을 테지만
> 생의 누추한 파문들 모두 무릎 근방에 몰려 있어
> 곧 시린 바람이 일 것 같다
> 잔뜩 녹이 슨 경첩처럼 뭉툭하고 못생긴 관절
> 이 깊은 틈새에서 불빛 하나 아득하게 깜박인다
> 그 어느 곳엔가 생에 두고두고 찾아갈 여각 한 채
> 나는 푸르른 등불을 앞세우고
> 숱한 저녁을 건너 이곳에 당도하였는가
> 시름시름 옛사랑을 추억하듯 걷고 있는가
> 허름한 변방도 등 기대면 그리움으로 남을 일이다
> 낯선 여각에 누워 기록하는 하루도

먼 날, 다시 내 간 길을 되짚어 돌아오고 싶을 것이다
돌아와 무심코 지나친 한때를 구석구석 둘러보니,
시큰거리는 무릎이 보이지 않는 길들을 불러들인다
먼 곳으로부터 폭설이 찾아온다는 기별이다

―「여각(旅閣)」 전문

  최재영의 시에서 시간의 단위는 '쉰'이고 그것은 정확히 '백년'의 절반이라는 실존적·심리적 방식으로 분절된다. 이러한 시간의식은 물리적인 시간이라는 점에서 현실적인 것이면서, 동시에 빨리 지나간 시간에 대한 의식이라는 점에서 심리적인 시간이기도 하다. 시간의 법칙은 이중화되어 있다. 인간은 시간의 물리법칙의 지배를 받으며 살아가지만 시간은 때로는 느리게 때로는 빠르게 흐른다. 이 후자의 시간을 심리적 시간이라고 말한다면, 심리적 시간이 실존적인 문제를 발생시키는 것은 느리게 흘러갈 때보다는 빠르게 흘러간다고 느껴질 때이다. 최재영의 시에서 실존적 시간의식으로서의 '백년' 또는 '쉰'은 「백년」이나 「백년을 걷다」처럼 제목으로 드러날 때도 있고, 시적 진술에 그것을 포함시키는 방식으로 드러날 때도 있다. 예컨대 "내 뜨거운 백년이 그렇게 지난다"(「백년」), "메마른 쉰이 먼저 달려든다" "청춘의 경작도 이렇게 간간하였을까"(「꽃피는 누옥」), "나는 회화나무보다 더 빠르게 늙어가네"(「회화나무」), "빠르게 스쳐 가는 청춘의

날들"(「도배」), "눈 깜짝할 새 지나는 꽃 시절일랑"(「오일 후」), "까만 씨앗을 가만 들여다보니/용광로처럼 들끓던 한 시절 고스란히 쥐고 있었던 것"(「과육은 평행선을 갖는다」), "혹은 백년의 간극을 탐독하느라/갈수록 틈새가 벌어지는 내 생의 구도에도/날이 저물고 한기가 몰아친다"(「폭설 5」), "내 안의 둥지들이 격렬한 바람 한 장씩 키우는 동안/빛나는 청춘들은 숲 한가운데를 관통해가고"(「숲과 새」), "껌벅이는 눈을 들여다보는 동안/몇 번의 계절이 왔다 가고"(「폭설 6」), "생은 비루하고 푸르른 젊음들은/쉽게 증발해버리기 마련이네"(「염전」), "산길을 걷는 동안 백년이 지나버렸다", "모퉁이를 도는 순간 한 시절이 훌쩍 지나고"(「백년을 걷다」) 등처럼 수많은 진술이 가리키고 있는 것은 시인 자신이 청춘의 시간을 훌쩍 지나 늙어버렸다는 실존적 자각이다.

그런데 '늙음'에 대한 이러한 자각 이면에 속절없이 흐르는 시간에 대한 안타까움만 존재하는 것은 아니다. 가령 인용 시에서 시인은 "휘적휘적 눈 깜짝할 새 당도한 기나긴 반백년"(「여각」)이라는 시간의 속도와 그것에 휩쓸려 사라지지 않고 오랫동안 남을 "생에 두고두고 찾아갈 여각 한 채"를 대비시킨다. 그는 낡고 못생긴 관절을 바라보면서 불현듯 자신이 '반백년'을 순식간에 살았음을 깨닫지만, 이 깨달음은 늙음에 대한 탄식이 아니라 "무릎이 보이지 않는 길들"이나 "이 깊은 틈새에서 불빛 하나 아득하게 깜박인다"처럼 희망적인 이미지로 연결된다. 최재영의 시가 시간의 빠른 속도에 대해 이야기하는 장면들은 대개 이러한 정서로 귀결됨으로써 독특한 반복의 양상을 드러낸다. 하지만 최재영의 시에서 '늙음'을 매개로 드러나는 시간의식의 비중이 절대적인 것은 아니다. 즉 시인의 시적 문법이나 시의 출발점 자체가 전적으로 '늙음'에 대한 자의식에 기대고 있는 것은 아니라는 것이다. 최재영의 시적 특징을 이해하는 데는 이 자의식이 어떤 세계와 대상으로 확장/연결되는가를 살피는 일이 한층 중요하다.

    창가의 목련이 흔들린다
    이쪽을 기웃거리다 나와 마주치자
    슬머시 외면해 버리는,
    그 파문에 나도 잠시 흔들렸던가
    목련의 한 시절이 내게 물들어
    모두 북쪽으로만 가고 있나니
    내 발걸음도 자연스레 북(北)으로 향할밖에,
    봄볕 몇 줌에도 꽃들의 좌우명은 바뀌나니
    바람의 먼 기별에도
    나는 자꾸만 눈물샘이 젖어들었으니
    내 안의 그늘진 폐허도 한 번은 화들짝 피어날 것이니
    나의 짧은 몇 걸음이
    네게는 천 년을 건디는 일이어서

> 피고 지는 주어들도 한 계절을 걷는 일이어서
> 봄날을 건너가는 그의 잔잔하고 기인 호흡이
> 얼룩처럼 어룽지는 몇 날
> 목련 안쪽의 세상을 내 더 이상 알 수 없으나
> 떨어지는 날들도 한 생일 것이니
> 지금 막 눈 맞추는 순간이
> 너와 나의 평생이다
> 이리 뜨거운,
>
> ―「목련 1」 전문

 최재영의 시는 전형적인 서정시이다. 그녀의 시는 자연적인 대상–세계와의 관계에서 시작된다는 점에서 도시적·일상적 삶에 근거한 서정과 근본적으로 다르다. 시인의 일상이나 시적 의도에 대해 판단할 수는 없지만 시집 전편에 걸쳐 자연적 대상과의 관계가 모티프로 기능한다는 점에 비추어 보면 이러한 시적 태도가 의도의 결과라고 읽어도 틀리지 않을 듯하다. 실제로 최재영의 시는 실존적인 불안이나 지독한 자기성찰이 있을 뿐 세속적인 욕망이나 노동의 세계가 거의 등장하지 않는다. 반면 그녀의 화자는 자연과 풍경의 변화에는 극도로 예민하게 반응하고 있다. 최재영의 시에서 가장 돋보이는 부분이 자연적 세계에 대한 재발견 혹은 번역으로서의 묘사인 이유도 여기에 있다.

하지만 자연적 서정, 특히 최재영 시에서 자연적 서정의 궁극적 지향점은 묘사를 위한 묘사, 발견을 위한 발견이 아닙니다. 여기서의 자연은 절대적 거리 바깥에 놓인 예찬의 대상이 아니다. 최재영의 자연적 서정시는 인용 시처럼 자연적인 대상-세계를 감정투사를 통한 동일시의 대상으로 간주하거나, 또는 자연적 질서와 시인 자신의 일상적 삶을 평행하게 놓음으로써 이 관계 자체를 성찰의 계기로 전유한다. 「목련 1」은 전자의 대표적인 경우이다. 화자는 지금 창가에서 목련이 흔들리는 모습을 보고 있다. 그런데 "봄날을 건너가는 그의 잔잔하고 기인 호흡이/얼룩처럼 어룽지는 몇 날"이라는 진술로 미루어 짐작컨대 지금 목련의 상태는 절정을 지나 특유의 누런 색깔을 드러내면서 시들어가고 있는 듯하다. 화자는 그 풍경을 지켜보면서 "목련 안쪽의 세상"을 알 수는 없지만 "떨어지는 날들도 한 생일 것"이라고 생각한다. 절정으로 피어 있는 순간만이 생(生)은 아니라는 이 감각은 늙음이나 죽음에의 불안으로부터 한 걸음 떨어져 있는 청춘의 것이 아니다. '쉼'이라는 심리적·실존적 시간의식은 여기에도 투영되어 있다. 그리하여 화자는 "떨어지는 날"에 이른 목련에게서 자신을 발견한다. 그 발견의 처음은 창가에서 흔들리는 목련을 발견하고 "그 파문에 나도 잠시 흔들렸던가/목련의 한 시절이 내게 물들어"라고 진술하는 장면이고 그 마지막은 "지금 막 눈 맞추는 순간이/너와 나의 평생이다/이리 뜨거운,"처럼 대상과의 동일시에 도달하는 순간이다. 창밖에서 흔들리는 목련을 목격한 화자는 '목련-되기'를 시작한다. 하지만 우리는 이 '목련-되기'가 결국 "떨어지는 날들도 한 생일 것이니"라는 운명애(amor fati)로 귀결됨으로써 자기성찰로 이어지는 과정을 보게 된다. 자연적 서정, 그리고 이러한 시적 성찰 속에서 자연은 결국 인간 실존의 한 영역일 따름이다.

꽃피는 한 시절을 허구라고 하다
봄 그늘에 앉아
무심한 바람이 둥글 퍼지고
향기로운 햇살 몇 줌 도르르 구르는 것을 지켜보다
그 아득한 멀미 속을 헤매다가
끓어오르는 절정들을 그만, 복사하다
꽃의 이마는 늘 신열에 휩싸였으므로
뜨거움 속에서 종종 길을 잃다
매번 허탕만 치고 돌아오는 길은
무수한 통점이었느니,
돌아보니 폭풍처럼 지나왔노라고
지나온 길은 단숨에 지워졌노라고
꽃이 닫히는 시점 또한 눈멀고 말아
모든 찰나는 숨 가쁜 적요에 들다
하여 천 년을 피어 있어도 순간이라 기록하다

한나절 봄볕이 붉게붉게 소멸해 가다
그리고 진실에 눈뜬 자들은 이윽고 말하다
봄은, 오늘 또 몇 번의 허구를 재촉하였는가
꽃들이 기울어가는 봄날을 탁본하여 후일을 도모하다
다시 처음인 듯,

—「꽃이 말하다」 전문

  자연을 실존적으로 전유하는 서정시의 화법은 화자와 대상 간의 거리를 소멸시키는 효과를 낳는다. 이 경우 화자의 목소리와 대상의 목소리는 사실상 협화음으로 겹쳐져 발화된다. 그러므로 이 시의 제목인 '꽃이 말하다'를 시인 또는 '화자가 말하다'로 바꿔 읽을 수도 있다. 이 '화자=꽃'의 목소리 등식에 따라 '꽃'의 음성에는 '화자'의 목소리가, '화자'의 목소리에는 '꽃'의 음성이 이미-항상 중첩되어 있다. 화자는 그늘에 앉아 바람이 뒹굴고 향기로운 햇살이 내리쬐는 풍경을 무심히 바라보다가 불현듯 끓어오르는 봄기운을 '복사'하고 만다. 그것은 꽃의 이마를 뜨겁게 만들던 신열을 받아들이는 것인데, 화자는 그 복사로 인해 자신이 뜨거움 속에서 길을 잃거나 무수한 고통의 시간을 지나왔다고 진술하고 있다. 산문적인 방식으로 말하자면 화자는 절정에 이른 봄꽃의 기운처럼 뜨겁게 살아온 자신의 과거를 되돌아보면서 도처에 흩어져 있는 '통점'을 회고하고 있는 것이다. 화자가 꽃의 언어로 번역하고 있는 이것은 "돌아보니 폭풍처럼 지나왔노라고/지나온 길은 단숨에 지웠노라고"라는 진술처럼 고통의 시간은 길었으나 지나온 길을 되돌아보면 그 시간이 무척 짧았다는 의미를 함축하고 있다. 이러한 실존적 시간의식에 기대어 화자는 "천 년을 피어 있어도 순간이라 기록하다"라고 쓰고 있다. "꽃피는 한 시절을 허구라고 하다"라는 진술에 개입되어 있는 감각 또한 이 시간의식에서 기원한 것이다. '허구'란 결국 '거짓말'을 뜻하는 것이니, 지나온 세월은, 청춘이라는 이름의 절정은 거짓말처럼 지나가 버렸다는 의미일까. 하지만 마무리 장면에서 목격되는 화자의 심정은 후회나 아쉬움이 아니다. "봄들이 기울어가는 봄날"이라는 시간적 배경은 '늙음'이라는 존재론적인 감각과 이어지며, 따라서 "봄날을 탁본하여 후일을 도모하다"라는 진술에는 새로운 '허구'의 시간에 대한 기대와 믿음이 포함되어 있다. 그런 까닭에 이 시는 "출렁이는 노래는 다시 부를 수 없어요/파도를 후렴처럼 끌고 다니던 생의 구비"(「관목(貫目)」)나 "아무리 들춰봐도 재생되지 않는 시절들"(「도배」)에서 드러나는 아쉬움의 정서와는 확연히 다르다.

> 밤새 천둥번개가 요란하였다
> 내밀한 필력을 자랑하는 꽃들이
> 허공에 몇 점 획을 찍는 아침

말 못할 천기를 예감하였을까
누군가는 하늘의 전언을
필사하느라
지상에서 가장 낮은 자세로
도도하고 정교한 문장을 틔우는 중이다
바람의 어수선한 틈을 놓치지 말 것
두려움과 초조함을 감추느라
혹자는 애써 꽃받침을 활짝 열어젖힌다
오래전부터 그들은 세상의 징후를 기록하였던 바,
기록에는 별다른 기교가 필요치 않다며
담장 밑 그늘만을 꼼꼼히 채록하기도 한다
개화는 이미 밀서가 아닌 평서(平書)인 것
그러므로 꽃들은 쉽사리 서체를 내놓지 않는다
형형색색 눈부신 필력을 드러내기까지
그 미궁을 빠져나오는 데 평생이 걸릴 것이다
꽃들은 비밀을 간직한 두려움으로 몸을 연다
일필휘지 내리긋는 격렬한 몸놀림
새로운 필경사가 피어났다는 소식이다

—「필경사 2」 전문

　최재영의 시세계에서는 '자연'도 글을 쓴다. 시인은 자신의 삶에서 글쓰기가 차지하는 가치, 즉 글을 쓰는 행위 자체에 대한 자각이나 성찰에 에너지를 쏟듯 자연적 대상들이 만

들어내는 문자와 기호를 독해하는 데에도 상당한 관심을 표현하고 있다. 자연적 세계 자체를 거대한 텍스트로 간주하려는 이러한 태도가 결국 자연에 대한 개성적인 묘사로 이어지는 것이니, 시인은 "길 잃은 세작들은 올해도/앞다투어 강물의 내력을 기록하는 중이다"(「섬진강」)이나 "어디에도 기록되지 않은 왕조의 최후를/해마다 피고 지는 꽃들에게서 읽는다"(「꽃의 비밀」) 등처럼 세계를 읽어야 할 문장으로 감각한다. 이러한 시선으로 세계를 바라보면 "까만 씨앗을 가만 들여다보니/용광로처럼 들끓던 한 시절 고스란히 쥐고 있었던 것"(「과육은 평행선을 갖는다」)이라는 표현처럼 대상의 형상 또한 하나의 기호이다. 가령 인용 시에서 화자가 '꽃'을 대면하는 방식을 살펴보자. 화자는 요란한 천둥번개가 지나간 아침에 생명력을 잃지 않고 피어 있는 꽃들을 목격한다. 그런데 화자에게 그 장면은 생명작용이 아니라 "내밀한 필력을 자랑하는 꽃들이"(「필경사 2」)라는 표현처럼 언어행위로 느껴진다. 물론 천둥번개가 지나간 날 아침의 꽃 모양은 다양하기 마련이다. 어떤 꽃은 "지상에서 가장 낮은 자세로/도도하고 정교한 문장을 틔우는 중"이고, 어떤 꽃은 "두려움과 초조함을 감추느라" "애써 꽃받침을 활짝 열어젖"혔다. 그런데 화자는 이 장면을 마냥 긍정할 수 없다. 그것은 오랫동안 "세상의 징후를 기록"해온 꽃들이 "기록에는 별다른 기교가 필요치 않다"고 "밀서가 아닌 평서(平書)"를 고집하면서 "서체를 내놓지 않"기 때문이다. 화자에게 이날 아침의 개화에는 "형형색색 눈부신 필력"이 온전히 드러나지 않았다. 화자는 이 불완전한 상태를 "꽃들은 비밀을 간직한 두려움으로 몸을 연다"라고 표현하고, 수직으로 내리는 빗방울을 맞고 꽃들이 개화하는 장면을 가리켜 "새로운 필경사가 피어났다는 소식"이라고 쓴다. 그런데 왜 하필이면 '필경사'라고 말해야 했을까? 그것은 화자가 꽃의 "내밀한 필력"을 "하늘의 전언을 필사"하는 것이라고 인식하기 때문이다. 이처럼 최재영의 시에는 자연은 한낱 관조의 대상이 아니라 새로운 시선으로 읽어야 할 텍스트이고, 그것은 언제나 새로운 독해를 향해 열려 있는 무한한 잠재성의 세계이다. 최재영의 시는 이 자연과의 새로운 관계, 자연에 대한 새로운 독해방식이 곧 서정의 한 가능성일 수 있음을 보여준다.

이 도서의 국립중앙도서관 출판시도서목록(CIP)은 서지정보유통지원시스템 홈페이지
(http://seoji.nl.go.kr)와 국가자료공동목록시스템(http://www.nl.go.kr/kolisnet)에서
이용하실 수 있습니다.(CIP제어번호: CIP2016015193)

시인동네 시인선 059
꽃피는 한 시절을 허구라고 하자
ⓒ 최재영

초판 1쇄 발행	2016년 7월 6일
초판 2쇄 발행	2016년 12월 5일
지은이	최재영
펴낸이	고영
책임편집	류미야
디자인	헤이존
펴낸곳	문학의전당
출판등록	제311-2012-000043호
주소	서울시 은평구 연서로11길 7-5 401호
전화	02-852-1977 팩스 02-852-1978
전자우편	sbpoem@naver.com

ISBN 979-11-5896-264-7 03810

*이 책의 판권은 지은이와 문학의전당에 있습니다.
*양측의 서면 동의 없는 무단 전재 및 복제를 금합니다.
*잘못 만들어진 책은 바꿔드립니다.
*이 시집은 〈2016 세종도서 문학나눔〉 도서에 선정되었습니다.